Kurt Tepperwein

Finde malend zu dir selbst

AF202715

Kurt Tepperwein

Finde malend zu dir selbst

EIN AUSMALBUCH MIT IMPULSEN FÜR MEHR GELASSENHEIT, ACHTSAMKEIT UND FREUDE IM LEBEN

mvgverlag

Bibliografische Information der Deutschen Nationalbibliothek

Die Deutsche Nationalbibliothek verzeichnet diese Publikation in der Deutschen Nationalbibliografie. Detaillierte bibliografische Daten sind im Internet über http://d-nb.de abrufbar.

Für Fragen und Anregungen

info@mvg-verlag.de

1. Neuausgabe 2022

© 2016 by mvg Verlag, ein Imprint der Münchner Verlagsgruppe GmbH
Türkenstraße 89
80799 München
Tel.: 089 651285-0
Fax: 089 652096

Redaktion: Silke Panten
Umschlaggestaltung: Manuela Amode
Umschlagabbildung: Shutterstock.com/wacpan, Benjavisa Ruangvaree Art
Innenlayout: Laura Osswald
Satz: Carsten Klein, München; Andreas Linnemann
Druck: CPI
Printed in the EU

ISBN Print 978-3-7474-0473-7

Wir produzieren
nachhaltig
www.m-vg.de

Weitere Informationen zum Verlag finden Sie unter

www.mvg-verlag.de

Beachten Sie auch unsere weiteren Verlage unter www.m-vg.de

Warum malen?

Es gibt keine harmonischen oder disharmonischen Erfahrungen – es sind die Menschen, die sie als solche empfinden und bezeichnen. Stimmungsschwankungen, Stress oder Langeweile sind keine Bedingungen, wenn es darum geht, dieses Buch zu bemalen. Das geht auch ganz gut, wenn du einfach nur mal abschalten willst. Aber auch wenn du lustlos bist und gar nichts willst oder nicht weißt, was du willst, können Buntstifte zur besten Gesellschaft werden.

Etwas Neues ausprobieren, den Kopf frei machen –
eintauchen in die innere Welt der Seelenstille und Herzenskraft.

Den Stift einfach »gleiten lassen« – und schon kann es sein, dass du etwas anderes plötzlich sehr viel klarer und mit anderen Augen siehst.

Neues muss nicht immer außergewöhnlich, spektakulär, teuer oder gefährlich sein. Adrenalin gibt Aufwind und beschert uns einen Kick. Doch nach dem Kick macht es schnell wieder klick, der Schalter ist umgelegt. Das System wird runtergefahren und neigt dazu, in eine Leere zu fallen, die nach einem weiteren Kick verlangt und in Rastlosigkeit, Unruhe und einem Getriebensein mündet. Der Push-Effekt des Gemüts ist etwas Kurzfristiges und nicht von Bestand. Daher sollten wir es nicht pushen, um von Unruhe oder Unzufriedenheit abzulenken, sondern uns diesen unangenehmen Empfindungen stellen. Sie aushalten, nachdem sie uns in Besitz genommen haben, und sie frei von Widerstand und ohne Grübeleien vorbeiziehen lassen. Emotionen lassen sich zwar nicht einfach so wegmalen, aber warum soll man in tristen Momenten nicht etwas tun, was kreativ ist und Freude bereitet?

Ein Lebenstief? Warum nicht! Es gehört zum Leben. »Sich nicht hängen lassen und immer wieder aufstehen«, lautet die Devise. Jeder düstere Augenblick kann ein wenig Farbe vertragen. Vielleicht ertappen wir uns dabei, beim Malen sogar zu vergessen, was uns eben noch belastet hat.

Worauf wir die Aufmerksamkeit richten,
formt schließlich unser Empfinden.

Es klingt vielleicht nicht gerade heldenhaft und verlockend, mit bunten Stiften zu hantieren, aber genau dieses Zurück zur Einfachheit und Besinnung kann uns wirklich dauerhafte Zufriedenheit bescheren. *Farben bringen uns in den Moment und nur dort können wir auf Gelassenheit und Entspannung treffen.* Leichtigkeit ist nicht in äußeren Bewegungen, sondern in der inneren Ruhe gegenwärtig. Das Ausmalen kann zu einem Boot werden, das uns dorthin begleitet, wo der Augenblick ohne jegliche Aktivität zur absoluten Erfüllung wird. Und wer es nicht glaubt, sollte es versuchen: Also steig ein und lass dich treiben.

Was auch immer geschieht, hat seine Berechtigung und wird für eine Überraschung sorgen, auch wenn sie nicht so ausfallen wird, wie wir sie uns vorgestellt haben. Male frei, wie und wann es dir gefällt. Wann immer du Lust dazu hast, lass dich von deinem Innersten inspirieren. Frei von Anleitungen und Vorstellungen wird es am besten gelingen.

Ich gehöre

....

Ich bin ein Ausmalbuch und ich freue mich sehr, dass du mich gefunden hast. Lass uns Freunde sein, ohne eine Bindung einzugehen. Mit mir brauchst du nicht zu sprechen und ich werde dich nicht nerven. Ich bin einfach da. Wenn du Lust dazu hast, nimm mich zur Hand und lass uns einen Spaziergang durch deine Innenwelten wagen. Dort gibt es viel zu entdecken. Es wird ganz sicher spannend, auch wenn nicht alle Entdeckungen angenehm sind. Das müssen sie auch nicht sein. Nur was hochkommt, kann weiterziehen. Deshalb ist es gut, wenn du den Emotionen begegnest, die dich ängstigen und dir Schwermut bescheren. Nur zu, bitte sie herein, lass sie näher kommen, aber halte sie nicht fest.

Sei dir gewiss, dass sowohl gute als auch schlechte Emotionen in sich gut sind. Du kannst beide malerisch begleiten. Das triste Empfinden kann sich erst in Liebe verwandeln, wenn es unbekümmert da sein darf. Also lass es aus deinem Herzen durch den Stift aufs Papier gleiten.

Heute beginnst du, mir Farbe zu verleihen.
Nur zu! Keine Scheu vor dunklen Farben.
Ich mag sie alle!
Ich wünsch dir viel Freude.

Das Leben ist schön. Doch es gibt Momente, in denen wir schwanken. In denen Kummer, Traurigkeit, Angst oder Schmerz Einzug halten. Diese Augenblicke empfinden wir als schwierig. Wir möchten sie verändern oder loswerden. An den Tagen, an denen uns das Glück ereilt, wollen wir es auskosten und festhalten. Im Gleichgewicht zu leben bedeutet, keine Situation zu bevorzugen, sondern das, was kommt, vollumfänglich zu umarmen – egal, ob es uns glücklich oder traurig macht. Es geht nicht um persönliche Akzeptanz, sondern um das innere Verständnis, dass das Leben seine eigene Dynamik hat. Es zeigt sich, wie es ist, und so, wie es ist, ist es gut, sonst wäre es nicht so. Es geht also nicht darum, die Umstände zu ändern, sondern unsere Einstellung dazu.

Alles ist gut! Dieser Satz ist kein rosarotes Schönsprechen, sondern ein Fakt, den wir nicht immer erkennen können. Es geht uns grundsätzlich gegen den Strich, uns mit disharmonischen Erfahrungen zu arrangieren, geschweige denn auszusöhnen. Wir leben in einem Bewertungssystem von »mag ich« und »mag ich nicht«. Dieses Gut-schlecht-Empfinden ist durchaus menschlich, doch was nützt es uns, gegen etwas zu sein, was wir doch nicht ändern können? Es kostet uns viel Kraft, ständig etwas zu wollen oder etwas nicht zu wollen. Mit dem, was wir nicht haben, im Einklang zu sein, ist wahrlich eine Herausforderung, die wir meistern können, wenn wir uns uns selbst annähern. Wenn wir es zulassen, in uns hineinzuhorchen und unsere Gefühle zu akzeptieren. Und wenn wir es uns gestatten, zum Kern dieser Gefühle vorzudringen. Bereits die Auswahl der Farben kann die eigene Wahrnehmung bündeln und uns dabei helfen, auch schmerzhafte Empfindungen freizulassen.

Doch wie kommt es zu Kummer, Traurigkeit, Angst oder Schmerz? Nun, der Mensch sieht die Dinge aus der Ich-Perspektive. Wenn es ums Malen geht, entstehen dadurch zwar wundervoll individuelle Kompositionen, doch im Alltag entstehen Missverständnisse, weil unser Leben häufig auf Interpretationen, Meinungen und Irrtümern aufgebaut ist. Wir sehen die Dinge oft nicht so, wie sie sind. Wir sehen sie so, wie wir sie einschätzen, und diese Bewertung schöpft aus Erinnerungen und Erfahrungen. Diese sind in uns und haben mit dem Objekt, das wir bewerten, nicht das Geringste zu tun. Alles, was uns umgibt, ist gebündelte Energie, die aus sich heraus keine Bedeutung haben kann. Wer belebt die Körper, die Natur, die Welt? Was atmet uns? Was hält uns am Leben?

Wir stülpen dem Gesehenen unsere Meinung über und machen es zu dem, was es nicht ist. Hektik und Stress sind Folgen von krankhaften Gedankenherden. Wer sich in seiner Gedankenwelt verliert, erzeugt unnötige Schwere, aus der unausgewogene und belastende Lebenssituationen entstehen. Es ist also nicht verwunderlich, dass wir das Hier und Jetzt aus den Augen verloren haben. Andererseits: Können wir eigentlich etwas aus den Augen verlieren, was immer gegenwärtig ist?

Hingabe an den Moment kann mit einer Tätigkeit unterstützt werden. Das Ausmalen ist eine wunderbare Möglichkeit, sich im Augenblick wiederzufinden und sich fallenzulassen. Der Augenblick ist Einheit. Aus der Mannigfaltigkeit der Welt in den Augenblick als Einheit einzutauchen ist etwas, das inspiriert. Lass dich inspirieren und male ohne Absicht und Vorstellung, dann wirst du dem begegnen, was du tief in dir bist.

In Indien lebte ein Mann mittleren Alters. Er hieß Muti und war Handwerker. Vor seinem Haus schnitzte er einfache Möbel. Er flickte alte Karren und Sessel und arbeitete den ganzen Tag. Wenn die Sonne aufging, war er bereits auf der Straße, und bis spät in die Nacht konnte man ihm bei seiner Arbeit zusehen. Er hatte eine große Familie und viele Kinder. Besonders freundlich war er nicht und auch nicht sehr redselig. In der Stadt, in der er wohnte, gab es viele Menschen, die in sehr einfachen Verhältnissen lebten. Sie alle hatten gerade so viel, dass es reichte, um ihre Familien zu ernähren. Doch waren sie glücklich und ihre Bescheidenheit machte sie reich.

In der gleichen Stadt wohnte ein einziger reicher Mann namens Redlin. Er hatte ein großes Haus mit einem prunkvollen Garten. Viele exotische Tiere belebten sein Anwesen und inmitten seines Parks sprudelte eine Quelle. Der Mann besaß sehr viel und war sehr freundlich. Er verließ kaum sein Haus, und wenn, dann saß er meistens alleine auf der Veranda.

Eines Tages blieb der Regen aus und die Armut der Menschen vor Ort wurde so groß, dass sie nicht mehr genug zum Essen hatten. Das heiße Klima hatte ihre Ernte zerstört und sie hatten kein Geld, um sich in einer anderen Stadt Essen zu besorgen. Nachbarn und

Freunde bettelten sich gegenseitig an, doch nichts kann bekanntlich nicht geteilt werden.

So trug es sich zu, dass Muti in der größten Not damit begann, Essen zu verteilen. Jeden Tag strömten die Einwohner der Stadt zu ihm, um ihr Überleben zu sichern. Jeder wurde beschenkt. Muti verteilte sogar Geld und die Menschen nahmen es dankbar an. Kleidung für ihre Kinder, Brennholz, Werkzeug und vieles mehr trugen sie nach Hause. Sie blieben zwar bescheiden, doch begann sich ihr Wesen zu verändern.

Die Menschen wirkten glücklich und hatten viel mehr, als sie benötigten. Muti war ein Held, ihr Retter in der Not. Wer auch immer ihm auf der Straße begegnete, kniete sich vor ihm hin oder verneigte sich vor ihm. Dem reichen Mann hingegen ging man aus dem Weg. Er hatte den Armen nichts gegeben. »Er hat so viel! Ersticken soll er an seinem Geiz«, hörte man hie und da sagen. Da Redlin seit kurzer Zeit mehrmals am Tag die Stadt auf und ab spazierte, wurde Feindseligkeit geschürt. Alle mieden ihn. Keiner grüßte ihn. Redlin ließ sich nicht davon beirren. Jeden Tag sah er sich um und grüßte recht freundlich. Die Menschen machte das wütend und viele beschimpften ihn. Einmal warf sogar jemand einen Stein nach ihm, so groß war der Hass, dass er ihnen nichts von seinem Vermögen abgeben wollte. Dank Muti gab es keine Armut mehr in der Stadt, er gab jedem, was er brauchte. Ob Geld oder Güter, es gab nichts, was er nicht verschenkte.

Eines Tages war es den Einwohnern der Stadt aufgefallen, dass Redlin nicht mehr vorbeispazierte. Es ereilte sie die Nachricht, dass er verstorben war. Sie machten ein Fest und feierten ausgelassen. Endlich hatte er seine gerechte Strafe erhalten, dachten sie. Zu sei-

nem Begräbnis ging niemand, alle waren froh, dass sie diesen Geiz-
hals nicht mehr sehen mussten. Am Tag nach dem Begräbnis gingen
einige Einwohner zu Muti, um sich Geld abzuholen. Heute stand er
nicht auf der Straße, so klopften sie an. »Was wollt ihr?«, fragte Muti
mürrisch. »Geld und Lebensmittel, um unsere Kinder zu ernähren!«
»Ihr seid so einfältig und dumm! Ich bin ein armer Handwerker.
Was soll ich euch denn geben?« Wie vom Donner gerührt schauten
die Menschen Muti ins Gesicht. »Aber du gibst uns seit langer Zeit
das, was wir brauchen, und noch vieles mehr. Wir verehren dich und
sind dir sehr dankbar dafür.« – »Verschwindet, ich kann euch nichts
mehr geben. Alles, was ich euch geschenkt habe, habe ich von Redlin
erhalten. Ich hatte ihm versprochen, es bis zu seinem Tod vor euch zu
verschweigen.«

Diese kleine Geschichte zeigt uns nur zu gut: Wir haben uns
zwar Wissen angeeignet, doch in Wirklichkeit wissen wir
nichts. Wir glauben, viel zu wissen, und leben aus Konzepten
und Meinungen, die wir zur Realität erklären. Wir tun anderen Unrecht oder verurteilen sie. Wir sprechen sie schuldig
und dichten ihnen Eigenschaften an, die nur in unserem Kopf
existieren. Nichts und niemand kann unabhängig von uns existieren. Erst wenn wir etwas wahrnehmen und es in unser Ge-
sichtsfeld tritt, kann es zu unserer Wirklichkeit werden. Diese
Wirklichkeit ist stets individuell. Somit kann es nicht die letzte
und einzige Wirklichkeit sein, sondern sie kann immer nur per-
sönlicher Natur sein. Wer sind die anderen? Die anderen sind
das, was wir sind, und somit richtet sich diese verdichtete und
grobe Form des Denkens stets gegen uns selbst. Es verhält sich
wie mit der Sonne und dem Schatten. Der Schatten hat aus
sich selbst heraus keine Existenz. Er ist von der Sonne abhängig. Mit dem Leben ist es nicht anders. Das, was wir um uns

herum wahrnehmen, ist von unseren Sinnen, also von unserer Wahrnehmung abhängig. Wie soll irgendetwas sein, wenn keiner da ist, der es sehen kann? Unzufriedenheit und Schwere werden durch die Unwissenheit unserer eigentlichen Existenz und der daraus resultierenden Lieblosigkeit genährt. Somit ist sowohl alles Ungute als auch alles Gute die Wirkung unserer Unwissenheit. Und ebendiese Unwissenheit kann in Ängsten, Depressionen oder Burn-out münden.

Beginnen wir also damit, die Aufmerksamkeit nach innen zu verlagern und uns auf unser innerstes Wesen einzulassen. Wenn wir uns nicht mehr in Irrtümern und Einbildungen verlieren, den Kopf leeren und uns auf das Wesentliche besinnen, entdecken wir, dass wir etwas viel Größeres sind, als wir uns jemals vorstellen können.

Wir können damit beginnen, still zu werden und in uns hineinzulauschen. Mit dieser Stille ist aber nicht die Abwesenheit von Lärm gemeint, sondern der Raum, der sich hinter dem Gesehenen verbirgt. Lassen wir uns in ihn hineinfallen, indem wir den Augenblick erfüllen und Hirngespinste wie Vergangenheit und Zukunft hinter uns lassen. Am besten jetzt! Farben, Stifte, Linien und Formen können uns dabei behilflich sein. Das freie Malen und Ausmalen bündelt unsere Wahrnehmung und hilft uns, den Raum hinter der von uns geschaffenen Wirklichkeit zu betreten.

Gedanken sind nicht nur bloße Gedanken. Jeder Gedanke und jede Erregung bewirkt eine mächtige Schwingung in jeder einzelnen Körperzelle und hinterlässt dort einen Eindruck. Jeder unserer Gedanken muss die Qualität besitzen, anderen Frieden zu bringen und sie zu trösten; er darf nicht den geringsten Schmerz oder Kummer verursachen. Gedanken formen das Leben. Schlechte Gedanken zu haben oder ungute Handlungen zu vollziehen ist ein und dasselbe. Worte sind Taten. Gedanken ebenso. Wir scheinen das zu wissen, doch nehmen wir uns das auch zu Herzen? Wie oft verletzen oder verurteilen wir andere? Und wie oft geschieht dies zunächst »bloß« in Gedanken? Auch der reiche Inder Redlin aus unserer Geschichte wurde zunächst »still« verurteilt, um im nächsten Schritt mit abschätzigen Worten und sogar Taten konfrontiert zu werden.

Wie würde ein Bild aussehen, das Neid, Hass, Zorn oder Ablehnung widerspiegelt? Welche Farben hätte es? Ganz sicher keine Pastelltöne. Wahrscheinlich eher braun-graue Färbungen umhüllt von dunklem Schwarz. Wir meinen es selten so, wie wir es denken oder sagen, und trotzdem tun wir es. Wir säen eine Saat aus, die bitter schmeckende Früchte hervorbringt. Diese Früchte zeigen sich in Ereignissen und Lebensumständen, mit denen wir hadern und die wir am liebsten loswerden wollen. Gedanken der Furcht und des Kummers sind gefährliche Kräfte in uns. Sie vergiften unsere eigentlichen Lebensquellen und zerstören die Harmonie, die Leistungsfähigkeit, die Vitalität und die Kraft – während Gedanken der Freude, der Fröhlichkeit und des Mutes heilend und besänftigend wirken und nicht aufreizen. Sie erhöhen die Leistungsfähigkeit und vermehren die geistigen Kräfte.

Sei also allezeit fröhlich! Lächle! Lache!

Ein guter positiver Gedanke ist mehrfach gesegnet. Er nützt dem Denkenden, indem er seine Geistigkeit verbessert, hilft dem Menschen, auf den der Gedanke gerichtet wird, und dient der ganzen Menschheit, indem die allgemeine Atmosphäre angehoben wird. Und bringen wir diesen Gedanken mit fröhlichen Farben auf ein Blatt Papier, so können wir diese positive Energie immer und immer wieder in uns hervorrufen.

Das Ego ist die Wurzel und die Grundlage aller Probleme. Das Ego kann immer nur ein Ich-Gedanke sein. Das Selbst aber ist das wahre Ich hinter dem Denken. Das Denken hat die Angewohnheit, ja die Neigung, sich nach außen zu wenden. Das Denken ist das Werkzeug, welches du benötigst, um dich zu orientieren. Du kannst dich den ganzen Tag mit Problemen aufhalten oder die Entscheidung treffen, dich nicht mehr darin zu verlieren. Wir beschweren uns über unsere Lebensumstände und bemerken dabei nicht, dass wir nichts anderes tun, als sie zu zerdenken. Es ist weder sinnvoll noch ändert es etwas an der Situation. Und doch tun wir es. Das Ich sucht eine Lösung für vermeintliche Probleme, die es als wirklich erachtet, und dabei vergisst es, dass nur es selbst das Grundübel seiner Probleme sein kann. Es gibt nämlich auch andere Gedanken als die, die sich nur um Belastungen drehen. Der Verstand ist unser Diener, also erkläre ihn nicht zum Befehlshaber deines Alltags. Verweile in Gedankenstille und wenn dir das nicht gelingt, dann lass die Gedanken einfach ziehen. Wie du das schaffen kannst? Indem du ihnen keine Aufmerksamkeit mehr schenkst. Wenn du einem Gedanken, der plötzlich aus dem Nichts auftaucht, keine Nahrung mehr gibst, verkümmert er. Er verhungert und wird wegfallen. Gedanken kommen und gehen. Wir müssen sie nicht festhalten. Du kannst dieses Buch dafür benutzen. Male es aus und du wirst erstaunt sein, wie schnell sich deine Aufmerksamkeit verschiebt und die negativen Gedanken in den Hintergrund rücken, ja sogar eingehen.

Kümmere dich nicht nur um Dinge, die du siehst – um den Partner, um die Tiere, um die Arbeit etc. Sei ganz natürlich so, wie du tief in dir drinnen bist. Kümmere dich zuerst um dein Innerstes, um dein wahres Sein – und wenn du in Ordnung bist und keine Unordnung mehr schaffst, dann wird sich auch dein Leben ordnen. Dann bist du für alles, was dich umgibt – ganz ohne Anstrengung –, eine Bereicherung und ein Geschenk. Wer seine Natürlichkeit wiederentdeckt und zu seinem eigentlichen Wesenskern zurückfindet, kann dem Leben gelassen und ohne Anspannung begegnen.

Kümmere dich um dich!

Akzeptiere die Eigenheiten des Lebens und alles, was es dir zur Verfügung und nicht zur Verfügung stellt. Damit sich eine tiefe Akzeptanz des Geschehenen einstellen kann, wir nicht weiterhin gegen Dinge ankämpfen und sie ständig ändern wollen, gilt es zu verinnerlichen, dass alles, was geschieht, geschehen muss. Alles hat seine Ordnung. *Es ist gut, wie es ist.* Du musst es nicht gut finden, lass es einfach so sein. Welche Farbe würdest du dem Gefühl der Akzeptanz zugestehen? Lass dich einfach treiben. Wenn deine Gedanken so festgefahren sind, dass es dir schwerfällt, dich zu entscheiden, dann schließe deine Augen. Lass deine Hand über den Stiften schweben. Dein Unterbewusstsein wird dich bei der Farbwahl lenken.

Jeder Mensch wünscht sich Frieden. Auf der Erde aber kann es niemals Frieden geben. Frieden beginnt im Kopf. Sind wir selbst mit uns im Frieden? Was denken wir über uns selbst, über andere, über das Leben? Sind diese Gedanken stets friedvoller Art? Die Erde ist ein Übungsplatz, ein Lehrplanet, um zu sich selbst zu erwachen. Wer sich Frieden wünscht oder sich darüber wundert, dass diese Kriege kein Ende nehmen, könnte sich genauso darüber wundern, warum im Kindergarten keine Hochschüler unterrichtet werden oder warum Salz nicht nach Zucker schmeckt.

Der Planet ist da, um uns Frieden zu lehren, und nicht, um ihn zu lenken und uns nur zu vergnügen. Wenn wir wahren Frieden gefunden haben und uns als dieser eine Friede wiedererkannt haben, dann hat der Planet Erde seinen Zweck erfüllt. Warum sollten wir dann auf diesem Übungsplaneten ewig weiterleben? Wenn wir den Führerschein machen und erfolgreich bestanden haben, dann gehen wir ja auch nicht mehr zur Fahrschule. Dann lassen wir den Übungsplatz Fahrschule hinter uns und können nach Hause gehen.

Warum wollen wir ständig die Welt verbessern und für Frieden sorgen? *Wir* sind die Welt! Die Welt kann ohne uns gar nicht existieren. Wenn wir nicht da wären und die Welt nicht wahrnehmen würden, wo wäre sie dann? Warum beginnen wir nicht endlich damit, *in uns* friedvoll zu sein und uns um unser friedvolles Dasein zu kümmern? Warum wenden wir uns stets den negativen Schlagzeilen der Welt zu und sorgen uns um Kriege, wo wir doch selbst in selbstzerstörerischen Zügen leben, denken und handeln? Sind wir besser? Sind wir anders? Was können wir tun? Kann uns eine so simple Tätigkeit wie das Malen unseren inneren Frieden (wieder)bringen?

Unzählige zerstörerische Gedanken begleiten uns täglich. Wie soll die Welt anders sein, als sie ist? Dazu müssten wir anders sein, und zwar wahrhaftig! Die Welt als Abbild unserer Gedanken ist ein perfekter Spiegel. Wer kennt es nicht, dieses Bild, auf dem kleine Männchen, sich an den Händen haltend, einen Kreis bilden und auf einer Weltkugel stehen? Es ist ein symbolisches Bild des Friedens, bei dem sich alle Menschen an den Händen fassen und diesen symbolischen Kreis für Einheit bilden. Dieses Bild steht auch für das Miteinander und den Weltfrieden – und doch ist dieses Bild nichts als Wunschdenken. Es ist ein Bild, das sich ein Ich, ein Kopf ausgedacht hat. Dieses Bild kann es in dieser Form niemals geben, denn es symbolisiert den Frieden aus der Sicht einer gemeinsamen Welt. Wir können die Welt aber nicht aus einer Sicht wahrnehmen, sondern nur individuell erfahren. Jeder trägt sein eigenes Weltbild im Kopf spazieren, und das kann immer nur von spezifischer Natur sein. Es gibt keine zwei Menschen, die die Welt gleich sehen, denn das, was der eine sieht, kann ja nur die Spiegelung des eigenen Bewusstseins sein. Auch wenn alle Menschen dieses Planeten gleichzeitig zum selben Fenster hinaussehen könnten, so würde jeder etwas anderes sehen. Mag es zwar für die Augen gleich sein – für das Gehirn kann das nicht gelten. Würde jeder Mensch ein Bild von dem malen, was er sieht, wenn er aus diesem Fenster blickt, so würde kein Bild wie das andere sein. Auf jedem Bild gäbe es andere Farben, Formen und Linien zu bestaunen. Weil unsere Gedanken und Erinnerungen unsere Augen lenken.

Nehmen wir an, fünf Menschen sehen zum selben Fenster hinaus. Auf der Wiese vor dem Fenster steht ein Pferd. Der eine freut sich über das Pferd und erinnert sich an seine Reitstunden in Kindertagen. Der andere hat Mitleid mit dem Pferd, weil es nicht frei laufen kann und auf der kleinen Wiese eingesperrt ist. Ein weiterer hat Angst vor dem Pferd. Der Nächste nimmt es zwar wahr, findet aber die Berge dahinter so schön, dass das Pferd in den Hintergrund rückt. Dem fünften kommt ein Westernfilm aus der Jugendzeit in den Sinn.

Wir sehen also, dass unsere Erinnerungen darüber entscheiden, wie das Gesehene von uns wahrgenommen wird. Alles, was wir sehen, ist mit Erinnerungen verknüpft. Somit wird alles Gesehene verfälscht wahrgenommen, weil Erfahrungen, Prägungen und Konditionierungen Einfluss darauf nehmen. Es kann also keine gemeinsame Welt geben. Wir leben in ihr zwar gemeinsam, doch jedes Lebewesen erlebt die Welt völlig unterschiedlich. Fakt ist: Jeder sieht sie so, wie sie nicht ist! Jeder sieht sie so, wie er sie sehen will, kann und muss.

Das erwähnte Bild mit dem Erdball und den Männchen drum herum müsste also wie folgt aussehen: Wir nehmen den Erdball aus der Mitte heraus und setzen jedem Männchen eine Weltkugel auf den Kopf. Das wäre realistischer und würde zeigen, dass jeder die Welt anders sieht und erlebt. Jeder erzeugt also seine ganz eigene und individuelle Welt in seiner Wahrnehmung. Gedanken formen das, was wir Realität nennen und im Grunde genommen nur von illusorischer Natur sein kann.

Wir sind körperlich zwar in der Welt, doch im wahrsten Sinne ist die Welt in uns. Aus tieferer Sicht ist unsere eigentliche Identität das, was unsere Körper und Darstellungsformen belebt. Alles, was uns begegnet und widerfährt, sind Reflexionen, die wir benennen und als Teil »unserer« Welt ansehen. Das ist auch richtig, doch es ist nicht etwas, was getrennt von uns im

Außen geschieht, sondern es wird in uns erzeugt und dadurch sichtbar wiedergegeben.

Das Leben formt sich durch Abdrücke unserer Gedanken.

Warum ich so detailliert darauf eingehe, hat folgenden Grund: Solange wir nicht wissen, wer wir wirklich sind und was es mit der Welt auf sich hat, können wir Glück nur auf einer Ebene erfahren. Glück ist aber mehr als ein Gefühl. Es ist ein Zustand, der nicht nur latent in uns vorhanden ist, im Gegenteil: Wir sind eigentlich nichts außer Glück und Freude. Dieser Zustand ist die Essenz allen Seins, und um das zu erkennen, sind wir in einen Körper geschlüpft. Er ist nur die Hülle, deshalb sollten wir uns nicht nur auf ihn reduzieren. Alles, was geht, kann nicht ursprünglich sein. Das Ursprüngliche, unser eigentliches Wesen, ist von ewigem Bestand. Tauchen wir ein in Bilder und Farben und lassen wir die Welt ein Stück weit hinter uns. Wahres Leben ist ein meditativer Zustand und keine Erfahrung, die nur kurzfristig tief gehend ist.

Das Leben ist schön. Und wie empfindest du deines?

....

....

....

....

....

....

....

....

....

....

....

....

....

Gelassenheit

Wie schnell wir doch aus der Fassung zu bringen sind – und egal in welcher Form, dies lässt unser Herz in jedem Fall schneller schlagen. Unsere Stimme wird freudig und hell, wenn uns etwas widerfährt, was uns glücklich macht. Sie wirkt gedrückt und schwer, wenn uns etwas gegen den Strich geht oder wir mit etwas nicht einverstanden sind. Natürlich können wir für oder gegen etwas sein, aber was bringt uns das? Es beschert uns lediglich ein gefühlsmäßiges Chaos, doch die Situationen lassen sich nicht manipulieren. Sie lassen sich von unserem Dagegen- oder Dafürsein weder beeindrucken noch beeinflussen. Dagegen zu sein ist ein Kraftaufwand, mit dem wir uns selbst schaden und der keinerlei Nutzen mit sich bringt. Ablehnung oder Offenheit sind menschliche Reaktionen. Sehen wir uns das einmal etwas genauer an.

Wir bekommen ein Kündigungsschreiben und reagieren mit Empörung, Wut und Enttäuschung. Was folgt, ist ein Gefühlsausbruch, der mit Existenzängsten und vielen weiteren unangenehmen Empfindungen aufwartet. Der Verstand läuft Amok. Das Herz hat keine Chance, sich in die Situation mit einzubringen, solange das Denken überwiegt. Wenn wir wissen, dass alles, was im Leben geschieht, Teil eines göttlichen Plans ist, können wir der Situation gelassener gegenübertreten. Es mögen

Ängste und Befürchtungen auftauchen, Fakt ist, dass die Situation so sein muss und absolut in Ordnung ist. Sie ist so, weil sie so für uns bestimmt ist. Sie wäre anders, wenn sie für uns nicht so bestimmt wäre.

Das Problem ist also nicht die Kündigung,
sondern das Anhaften an der Arbeit.

Veränderung und Wandel sind die Ordnung der Natur. Auch wenn wir es nicht so sehen wollen, ist es ein großes Geschenk, das uns mit dieser Situation der Kündigung und mit ähnlichen Situationen widerfährt. Nun können wir es ablehnen oder entgegennehmen. Gelassenheit ist eine wunderbare Art, dem Leben zu begegnen. Doch gelassen zu sein, lässt sich nicht üben. Gelassenheit ist das Resultat aus der Erkenntnis, dass das Leben seine eigene Dynamik hat und dass alles, was geschieht, okay ist – ohne es bewerten zu müssen. Das Leben ist an unseren Meinungen und Interpretationen nicht interessiert. Leben ergibt sich ganz natürlich von selbst. Was auch immer wir ändern wollen, wir können es versuchen, doch sollten wir nichts erzwingen. Wir können viele Impulse setzen, doch welche Früchte sie tragen werden, entscheiden nicht wir. Lassen wir uns vom Leben tragen und vertrauen wir darauf, dass alles seine Ordnung hat. Auch wenn wir es nicht verstehen oder nachvollziehen können, vertrauen wir einfach den Gegebenheiten.

Leben lässt sich nicht verstehen, aber wir können es in all seiner Vielfalt genießen.

Die Sonne scheint immer, egal ob sich Wolken am Himmel befinden
oder ob es Nacht geworden ist.

Vergessen wir das nie! Licht ist immer da, auch wenn nur Dunkles sichtbar ist. Deshalb empfiehlt es sich, die Aufmerksamkeit von der Dunkelheit abzuziehen und mit Gelassenheit und der Gewissheit in die Welt zu blicken, dass alles in sich immer nur Licht sein kann. Pastellfarbene und helle Töne erzeugen eine harmonische Stimmung. Aber auch kraftvolle und dunkle Farben spiegeln Gelassenheit, wenn der Blick nicht an ihrer Oberfläche hängen bleibt. Welche Farben sprechen deinen Sinn für Gelassenheit an?

Was bedeutet Gelassenheit für mich?

....

....

....

....

....

....

....

Was kann ich tun, um Situationen gelassener zu nehmen?

....

....

....

....

....

....

....

Freude

Wenn uns die Freude abhandenkommt, empfinden wir das Leben als unangenehm. Doch kann wahre Freude wirklich verschwinden? Ist wahre Freude an gewisse Umstände gebunden? Müsste wahre Freude nicht immer aus sich selbst heraus vorhanden sein?

Jeder Mensch spürt Freude unter anderen Umständen. Das, was wir unter Freude verstehen, ist an gewisse Bedingungen geknüpft. Freude setzt also etwas voraus. Es ist eine Gefühlsregung, die nicht von Bestand sein kann. Wäre sie von Bestand, würde sie immer anwesend sein. Da Freude aber wie alles andere im Leben kommt und geht, stellt sich die Frage, ob diese Freude überhaupt erstrebenswert ist. Etwas anzustreben, was einem stetigen Wandel unterliegt, ist verlorene Mühe. Etwas aufrechtzuerhalten, was andauernder Veränderung unterliegt, ist ein Ding der Unmöglichkeit. Und doch ist der Mensch ständig bestrebt, der Freude und dem Glück nachzujagen. Er will es festhalten. Warum?

Wir sind Harmoniewesen und sehnen uns danach, dass immer alles in Ordnung ist. Eigentlich wäre es das ja auch, wenn wir nicht ständig Unordnung schaffen würden. Wir bestimmen, wann etwas nicht in Ordnung ist, aber warum ist es das nicht?

Warum soll eine Disharmonie im Leben nicht in Ordnung sein? Es ist nur deshalb nicht in Ordnung, weil wir es anders haben wollen und es ablehnen. Würden wir es nicht ablehnen oder ändern wollen, wäre auch keine getrübte Stimmung möglich.

> *Es ist der Widerstand,*
> *der uns dazu bewegt,*
> *unglücklich zu sein.*

Widerstände richten sich nie gegen etwas, was uns guttut, was wir lieben. Widerstände richten sich gegen das, was wir ablehnen. Somit sind wir eigentlich ständig für oder gegen etwas. Dieses duale Verhalten ist eine Gegebenheit. Es ist die Grundlage unseres irdischen Daseins. Doch inmitten der Dualität gibt es einen Punkt, der sich Neutralität nennt. Diese Neutralität ist etwas, was uns Raum für Entscheidungen lässt. Wir müssen folglich nicht immer für oder gegen etwas sein, wir können auch gerne mal etwas kommentarlos stehen lassen. Wie wäre es damit, ein *Sowohl-als-auch* gelten zu lassen? Diese Haltung macht wirklich Freude und auch wenn wir tief in uns eigentlich nichts anderes als Freude sind, ein freudiges Dasein können wir fördern. Wie?

Lass deiner Intuition freien Lauf. Wie sieht Freude aus? Wähle Farben, die leuchten und Lebensfreude versprühen. Das Ergebnis wird sich von selbst fügen. Du wirst staunen, wie farbenprächtig ein freudiger Augenblick sein kann. Und wie nachhaltig er ein unbeschwertes Aufglimmen deines Herzens bewirken kann.

In welcher Situation empfinde ich Freude?

....

....

....

....

....

....

....

Wie kann ich mehr Freude erleben?

....

....

....

....

....

....

....

Stille

Dass Stille nicht nur die Abwesenheit von irdischem Lärm ist, wissen wir bereits. Einfach still zu sitzen und innezuhalten hört sich zwar einfach an, doch wenn wir es praktizieren, merken wir schnell, dass es eine wahre Herausforderung ist. Immer wenn wir nichts tun, beginnt unser Inneres, nach außen zu drängen. Nebenbei kommen Dinge hoch, die in der Hektik des Alltags untergehen. Diese »Leichen im Keller« sind Emotionen, alte Erinnerungen und allerlei Dinge, die wir als unangenehm einstufen. Alles Unangenehme wollen wir natürlich von uns fernhalten. Wir wollen Spaß haben, glücklich sein und alles in Harmonie wissen. Wir wissen sehr genau, dass dies kein Dauerzustand ist und wir es uns auch nicht wünschen können. Schon morgen kann alles anders sein, und wer heute zu Tode betrübt ist, kann kurze Zeit später wieder ausgelassen sein. Emotionale Zustände kommen und gehen. Sie sind ständig im Wandel. Nichts bleibt gleich.

Betrachten wir einen Fluss. Jeden Tag sehen wir ihn beim Vorbeispazieren und glauben, dass es immer derselbe Fluss ist. Der Fluss ist aber niemals der gleiche, weil das fließende Wasser jeden Augenblick neu ist. Stille im Sinne von Stillstand ist hier nicht existent. Den Fluss von gestern kann es heute nicht mehr geben. Wir glauben, immer dasselbe zu sehen, aber in Wirklichkeit ist alles in jedem Moment komplett anders. Dieses Anderssein bleibt unseren Sinnen verborgen.

> *Die Gedanken und Augen gaukeln uns Beständigkeit vor,*
> *doch nichts, was uns umgibt, hat Bestand –*
> *alles ist vergänglich.*

Die Stille, die sich hinter all dieser Vergänglichkeit verbirgt, ist das Beständige. Es ist das Beständige in uns, das wir wiederfinden müssen, um zu erkennen, was wir wirklich sind. In Oberflächlichkeit verhaftet lebt der Mensch nicht wirklich, er wird von seinen Gewohnheiten und Programmen gelebt. Nehmen wir das Leben in die Hand und beginnen wir, Verantwortung zu übernehmen.

Bei unserer Geburt sind wir eine Verpflichtung eingegangen. Wir haben ein unausgesprochenes Versprechen abgegeben, nämlich unsere eigene Identität wiederzuentdecken. Wir sind nicht hier, um unsere Lebenszeit irgendwie abzudienen, sondern um das Leben zur Selbsterforschung zu nutzen. Der Mensch ist dazu aufgerufen, seinen Wesenskern wiederzubeleben und sein egomanisches Dasein hinter sich zu lassen. In der Stille unseres Herzens ist ein Raum, in den wir uns zurückziehen können, um uns selbst zu begegnen. Wir müssen uns neu kennenlernen und unsere Meinungen und Ansichten *über uns selbst* hinter uns lassen. Wir glauben, so oder so zu sein, gewisse Eigenschaften, Vorzüge und Schwächen zu haben. Doch das sind alles nur Konzepte. So wie wir uns sehen, sind wir nicht. Es ist nur unsere Vorstellung, die uns das glauben lässt, ein Bild, das wir uns über uns selbst zusammengefügt haben. So wie andere uns wahrnehmen, so können wir ebenfalls nicht sein. Jeder sieht den anderen so, wie er ihn aus seiner persönlichen Wahrnehmung heraus sehen kann. Die Dinge selbst bleiben unberührt und haben aus sich heraus keine Bedeutung und auch keine Eigenschaft. Sprengen wir die Grenzen und lassen wir uns in die Stille fallen, die über diesen Dingen steht und uns unser wahres Selbst erkennen lässt. Wie das geht?

Schließen wir die Augen und lassen wir alles los, ohne dabei etwas zu erwarten oder zu wollen. Werden wir still und horchen wir in uns hinein. Was steigt hoch? Was überkommt mich? Was zeigt sich? Was *ist*?

Wir können uns auch in die Stille »hineinmalen« und uns herantasten. Tauchen wir ein in eine Welt, die uns viel mehr zu geben hat, als es die Erde jemals kann. Das Leben ist schön. Menschsein ist großartig. Wahres Menschsein beginnt dort, wo denken endet. Lassen wir Farben sprechen. Farben können Stille ausdrücken und doch fließend sein, können beruhigend und harmonisch wirken – und das jedes Mal auf eine andere Weise. Wichtig ist, sich auf die Stille einzulassen.

Was ist Stille für mich?

....

....

....

....

Was werde ich unternehmen, damit Stille in mein Leben ein-
kehren kann?

....

....

....

....

Welche Beschäftigungen führen mich in die Stille?

....

....

....

....

Achtsamkeit ...

... ist eine Eigenschaft, ohne die das Leben nicht in Harmonie kommen kann. Aus der Achtsamkeit schöpfen wir nicht nur Gelassenheit und innere Kraft, sondern begegnen dem Augenblick, ohne ständig abzuschweifen. Der erste Schritt der Achtsamkeit ist, darauf zu achten, dass wir nicht ständig alles zerdenken. Hingabe an den Augenblick bedeutet, das Leben wirklich zu erfahren. Sich darauf einzulassen, was der Moment zeigt, und dies mit Freude entgegenzunehmen, ist etwas sehr Kostbares. Ganz gleich, ob wir etwas als unangenehm oder als angenehm empfinden, wir sollten alle Facetten des Lebens wertschätzen. Dies gelingt nur, wenn wir innerlich verstehen, dass alles seine Ordnung hat. Nichts ist falsch oder richtig, gut oder schlecht. Alles, was kommt, wird wieder gehen und ist in seiner Art, sich zu zeigen, nur ein Erfahrungsprozess.

Im Jetzt vollständig präsent zu sein und es vollumfassend zu erfüllen, stellt Vergangenheit und Zukunft in den Hintergrund. Die Gegenwart wird zur einzigen Aufgabe, die es zu meistern gilt. Es ist ein Leben ohne Wenn und Aber, ohne Kompromisse und Interpretationen. Es ist *die volle Präsenz zu den Gegebenheiten.*

Leben spielt sich nicht gestern oder morgen ab,
das Morgen wird im Jetzt geformt.

Aus dem Augenblick entsteht das, was wir Zukunft nennen, und sie ist das Ergebnis unserer Worte, Taten und Gedanken.

Und wo ist die Vergangenheit? Wo außer im Denken soll sie existieren? Halten wir inne und öffnen wir uns dem Moment, der immer von heiliger Natur ist. Aus ihm schöpfen wir Kraft, Vertrauen und Mut. Wer innerlich leer ist und den Augenblick erfüllt, wird eine andere Zukunft erschaffen als der, der sich ständig in Gedanken verliert.

Wähle die Farben der Achtsamkeit und lass dich fallen. Hinter der Zeit öffnet sich ein Raum, der liebevoll und geduldig mit dir ist, wenn du hier und jetzt zu dem Ja sagst, was sich in deinem Leben zeigt.

Achtsamkeit können wir in allen Lebensbereichen erfahren. Jede Tätigkeit können wir achtsamer ausführen und uns bemühen, sie mit dem Augenblick zu erfüllen. Wie schnell verlieren wir uns in Gedanken und entfernen uns vom Moment, wobei wir für unsere Mitmenschen immer noch anwesend sind. Aber körperliche Anwesenheit ist kein Garant für ebendiese, denn gedanklich abzuschweifen bedeutet Abwesenheit. Malen wir uns aus der Abwesenheit in die Abwesenheit hinein, indem wir uns konzentriert einem Bild widmen, in Hingabe und Achtsamkeit. Seien wir achtsam bei der Auswahl der Farben und leben wir vollständig im Augenblick, während wir die Farbe zu Papier bringen.

Lebe ich achtsam?

....

....

....

....

....

....

....

Wie kann ich meinem Leben achtsamer begegnen?

....

....

....

....

....

....

....

Leichtigkeit

Was ist das eigentlich, »Leichtigkeit«? Vielen von uns ist sie abhandengekommen und das Leben ist zum einzigen Kampf, Krampf und Überlebensspielplatz geworden. Wir sind damit beschäftigt, unseren Lebensunterhalt zu bestreiten und uns irgendwie über Wasser zu halten. Mietkosten schnellen in die Höhe und unsere Lebensart tendiert in eine Wohnform der Isolation. Großfamilien sterben aus, Eltern und Großeltern, die im gemeinsamen Haushalt leben, sind längst zur Seltenheit geworden. Ein Zusammenleben mehrerer Generationen wünschen sich nicht sehr viele Menschen, die Vorstellung ist zum Albtraum geworden. Lebensformen haben sich verändert, das haben die Entwicklung und die Zeit mit sich gebracht.

Dies ist nur ein Aspekt, der der Leichtigkeit Steine in den Weg legt, während sie versucht, in unser Leben einzuziehen. Leichtigkeit ist aber auch in schwierigen Lebensphasen möglich. Leichtigkeit ist eine Einstellung, ja eine Lebenshaltung, die uns ermöglicht, auch in schwierigen Situationen unbeschwert zu bleiben. Es ist eine Form von Gelassenheit, die Dinge leicht zu nehmen, auch wenn sie uns noch so schwierig und ausweglos erscheinen. Natürlich gibt es im Leben Erfahrungen, die uns ins Schwanken bringen. Aber genau hier ist es die Leichtigkeit, die uns wieder aufrichten kann. Wer sagt uns, dass wir Dinge, die uns schwer erscheinen, auch schwernehmen müssen? Leichtigkeit ist keine Form von Ignoranz, sondern eine innere Gewissheit, dass alles seine Richtigkeit hat. Alles ist in Ordnung, sonst wäre es nicht so. Ob wir es nun als gut oder schlecht einordnen, Fakt ist, dass die Gegebenheiten und Umstände nun mal so sind. Wir haben nicht die Macht, sie zu ändern, ABER wir haben die Chance, sie anders zu sehen. Wir können ihnen mit Widerstand oder aber mit Offenheit begegnen, können sie zwar nicht auf die leichte Schulter nehmen, aber sie dennoch einfach leichtnehmen. Dies bedeutet, sich nicht unnötig in Problemgedanken zu wälzen.

Halten wir uns nicht mehr als notwendig
in belastendem Denken auf.

Es ändert nichts an der Situation, wenn wir uns den Kopf zerbrechen. Das bereitet uns höchstens Kopfweh, und darauf können wir alle sicher ganz gut verzichten. Wie sieht Leichtigkeit aus? In welchen Farben zeigt sie sich? In Leichtigkeit zu malen bedeutet nicht, völlig unbeschwert und glückselig zu sein, sondern das Belastende fallen zu lassen, indem wir ihm keinen Raum mehr geben. Es darf anwesend sein, aber es bekommt keine weitere Aufmerksamkeit zugeteilt. Leichtigkeit läuft parallel ab und muss nicht den Platz von Schwere einnehmen und sie vom Thron stoßen. Ein in Leichtigkeit gemaltes Bild kann also durchaus auch schwere Farben beinhalten. Genießen wir die Anwesenheit von einerseits belastenden Emotionen und andererseits beschwingter Leichtigkeit. Beides ist okay und in der Wahl der Farben und in ihrer Manifestation wird es ruhig. Aus dieser Ruhe heraus wird sich das polare Empfinden auf eine neutrale Wahrnehmung reduzieren, die da lautet: Leichtigkeit! Nichts als Leichtigkeit!

Wo lebe ich Leichtigkeit?

....

....

....

....

Wo bedarf es mehr Leichtigkeit in meinem Leben?

....

....

....

....

Welche Veränderungen stehen an, um mehr Leichtigkeit in mein Leben zu lassen?

....

....

....

....

Das Leben ist schön!

Ein Leben in Selbstbestimmung und Selbstverantwortung bedeutet nicht nur Eigenständigkeit, sondern es heißt auch, Vertrauen in das Leben und sich selbst zu haben und das zum Ausdruck zu bringen, was wir wirklich sind. Talente und Fähigkeiten sind mehr als Eigenschaften. Sie sind der Ausdruck unseres Selbst.

Leben ist ein wertvolles Gut. Wir glauben, alle Begleiterscheinungen, Nebenwirkungen und Mängel aus dem Weg räumen zu müssen. So sind wir der Einbildung erlegen, dass das Leben immer makellos und fehlerfrei sein muss. Leben ist aber viel mehr, als zu heiraten, eine Familie zu gründen, Karriere zu machen und Geld zu verdienen. Es gibt nichts, was erreicht werden muss. Aber worum geht es dann?

Machen wir uns auf den Weg, um herauszufinden, was wir wirklich sind. Wir werden zu der Schlussfolgerung gelangen, dass der, der etwas erreichen möchte, infrage gestellt werden muss. Wir stellen Tag für Tag vieles infrage. Wann beginnen wir damit, uns selbst infrage zu stellen und dort hinzusehen, wo die eigentliche Wurzel aller Probleme liegt?

Wenn wir damit aufhören, allem, was uns in die Quere kommt, einen Gut- oder Schlecht-Stempel aufzudrücken, und den

Dingen erlauben, so zu sein, wie sie nun mal sind, dann beginnt der großartige Teil unserer Reise. Leben ist so lange mühsam und anstrengend, wie wir uns bemühen, es ändern zu wollen. Lebensumstände sind Spiegelungen unserer Innen- und Gedankenwelt. Wie sollen wir eine Reflexion ändern können?

Zu mir kam einmal eine Frau in die Praxis, die mir ihr Leid klagte. Ihr Enkelkind hatte Lernschwierigkeiten, und dies beschäftigte sie sehr. Sie hatte deswegen schon schlaflose Nächte und all ihre Gedanken kreisten nur um dieses Thema. »Warum kann das Kind nicht einfach normal sein?«, wollte die Frau wissen. Ich habe nicht viel darauf gesagt, doch die Frage, die sich in mir auftat, war, wann *sie* wohl wieder normal werden würde. Was nicht der Masse entspricht, wird als »anders« eingestuft, aber wer sagt uns, dass es nicht die Masse ist, die irgendwie »anders« ist? Dass wir das Anderssein nicht akzeptieren können oder wollen, bezeugt, dass es an der Zeit ist, die Dinge anders zu betrachten. Vielleicht sehen wir sie falsch oder zu engstirnig. Was ist schon normal? Was ist Norm? Sind wir normal? Vielleicht glauben wir das, doch wie sehen das andere? Und ist das überhaupt wichtig? Ist es nicht viel wichtiger, so zu sein, wie wir eben sind, ohne uns ständig zermürbende Gedanken darüber zu machen? Ist es nicht viel wichtiger, Gelassenheit, Freude, Stille, Achtsamkeit und Leichtigkeit zu leben? Und unser Leben in den Farben dieser Eigenschaften auszumalen?

Was ist in Ordnung? Und was ist dann Unordnung? Die Unordnung in der Natur ist die größte Ordnung an sich. Jedes Pflänzlein hat seinen Platz und jedes Kraut wächst an der richtigen Stelle. Der Mensch aber glaubt zu wissen, wie Pflanzen genau wachsen müssen. Er vernichtet das störende Grün einfach, das nicht pflichtgemäß in die ihm genehmigte Richtung wächst. Dies geschieht unter einem Deckmantel: Der Mensch hat das Heilkraut einfach auf den Namen »Unkraut« umgetauft. Wenn er aber Magenschmerzen hat, ist das Unkraut plötzlich wieder Heilkraut und gut genug, um ihm zu helfen. Nur wo wächst es dann noch?

Sei also achtsam und höre in dein Innerstes. Die Realität ist nicht immer so, wie sie scheint. Sonst wären die Menschen aus unserer Geschichte in dem armen indischen Dorf sicherlich anders mit ihrem reichen Nachbarn Redlin umgegangen.

Verbanne die negativen Gedanken
und öffne dein Herz für die positiven Seiten des Lebens.

Gestalte dein Leben so farbenfroh, wie es nur geht. Mache dabei nicht halt vor den dunklen Farben, nein, lass auch sie zu. Denn nur, was im Einklang existieren kann, ist real.

Wie ich meine berufliche Situation empfinde:

....

....

....

....

....

....

....

....

....

....

....

....

....

....

Meine Partnerschaft sieht zurzeit so aus:

....

....

....

....

....

....

....

Mein Allgemeinbefinden hat folgende Farben:

....

....

....

....

....

....

....

Mein körperlicher Zustand zeigt sich folgendermaßen:

....

....

....

....

....

....

....

....

....

....

....

....

....

....

1. *Ich bin ein Gute-Laune-Buch. Ich bin aber auch ein Schlechte-Laune-Auffangbuch. Ich bin ein Buch für alle Fälle.*

2. *Auch wenn du das Weiß dieser Seite jetzt übermalst, ist es noch da. Du kannst es nur nicht mehr sehen.*

3. *»Farben sind das Lächeln der Natur und Blumen sind ihr Lachen.« James Henry Leigh Hunt, englischer Schriftsteller (1784–1859)*

4. *Danke, dass du dich mir widmest und mein Schwarz-Weiß-Dasein aufmöbelst.*
   Und wofür bist du heute dankbar?

   ....

   ....

   ....

5. *Malen statt nachdenken.*
   Dieser Satz klingt simpel, doch steckt viel Weisheit dahinter.

6. *Heute bemalst du mich mit*

   ☐ *dunklen Farben*   ☐ *Pastelltönen*   ☐ *gar nicht*

   ...... % lichte Emotionen   ...... % dunkle Emotionen

7. *»Die reinsten und gedankenreichsten Geister sind die, die Farbe am meisten lieben.«*
   John Ruskin, englischer Schriftsteller und Maler (1819–1900)

8. *Heute ist ein guter Tag.*
   Magst du ihn auch?

   ☐ *Ja.*   ☐ *Nein.*   ☐ *Ist mir egal.*

   ☐ *Der Tag kann mich mal.*   ☐ *Ich liebe ihn.*

9. *»Was nützen mir die Farben, wenn ich nicht weiß, was ich malen soll?«*
   Michel de Montaigne, französischer Philosoph (1533–1592)

Wie gut, dass dir diese Entscheidung abgenommen wird. Es gibt also keine Ausrede, heute nichts auszumalen.

10. *Ohne Farben wäre das Leben ganz schön trist.*
    Komm, setz dich zu mir und schenk mir Farbenfreude.

11. *Mach es wie Paul Cézanne (französischer Maler, 1839–1906).*
    Er sagte:
    »Ich denke an nichts, wenn ich male, ich sehe Farben.«

12. *Das Malen fängt dich auf und trägt dich, wohin auch immer du willst.*
    Entscheide dich für die Trostlosigkeit, und sie wird anhalten.
    Entscheide dich für die Leichtigkeit, und sie ist da.
    Wie du über etwas denkst, so wird es sein.

Über den Autor

Kurt Tepperwein gilt als ein Begründer der schöpferischen Imagination. Als Lehrer der Visualisierung und gedanklichen Vorstellungskraft hat er einen Grundstein in der Bewusstseinsforschung gelegt. Seine Sprache ist seit jeher die Sprache der Bilder. Mit diesem Buch führt er seine Botschaft weiter und verleiht ihr ein neues Gesicht. *»Farbenfrohe Bilder zu kreieren steht für Befreiung, Selbstverwirklichung und Erkenntnis. Jede Form von Kreativität bringt den Menschen sich selbst näher.«* Tausenden von Menschen hat er bildlich etwas nähergebracht, was für das Auge ewig unsichtbar bleiben wird: Bewusstsein. Es ein Stück weit in die Materie zu transportieren, sind seine Spezialität und Stärke. *»Lassen wir uns von diesen zauberhaften Bildern inspirieren und nutzen wir diese einzigartige Möglichkeit, die Reise zu uns selbst anzutreten.«*

Wegweisende Informationen über das Mental-, Intuitions- und Bewusstseins-Training sowie weitere Ausbildungen und Heimseminare von Kurt Tepperwein finden Sie im Internet unter www.iadw.com oder erfragen Sie unter der E-Mail-Adresse go@iadw.com.

Bildrechte

Bilder:
IAW Anstalt Vaduz

Bildnachweis:
Bild 1 © Fotolia/mika_48; Bild 2 © Fotolia/gollli; Bild 3 © Fotolia/
Renina Jersova; Bild 4 © Fotolia/incomible; Bild 5 © Fotolia/Sayan-
ny; Bild 6 © Fotolia/tets; Bild 7 © Fotolia/depiano; Bild 8 © Fotolia/
Markovka; Bild 9 © Fotolia/ tets; Bild 10 © Fotolia/tets; Bild 11 ©
Fotolia/depiano; Bild 12 © Fotolia/baksiabat; Bild 13 © Fotolia/pho-
enix_olga; Bild 14 © Fotolia/Sayann; Bild 15 © Fotolia/gorbovoi81;
Bild 16 © Fotolia/Alexandra Sitnikova; Bild 17 © Fotolia/juliasnegi;
Bild 18 © Fotolia/epic; Bild 19 © Fotolia/val_iva; Bild 20 © Fotolia/
Kotkoa; Bild 21 © Fotolia/lemuana; Bild 22 © Fotolia/anat_tikker;
Bild 23 © Fotolia/Angelinna; Bild 24 © Fotolia/irinakrivoruchko;
Bild 25 © Fotolia/ivook; Bild 26 © Fotolia/irinakrivoruchko; Bild
27 © Fotolia/juliasnegi; Bild 28 © Fotolia/alexmakarova; Bild 29 ©
Fotolia/depiano; Bild 30 © Fotolia/Sayanny; Bild 31 © Fotolia/alex-
coolok; Bild 32 © Fotolia/alexcoolok; Bild 33 © Fotolia/Angelinna;
Bild 34 © Fotolia/ jackie2k; Bild 35 © Fotolia/irinakrivoruchko; Bild
36 © Fotolia/irinakrivoruchko; Bild 37 © Fotolia/irinakrivoruchko;
Bild 38 © Fotolia/gollli; Bild 39 © Fotolia/irinakrivoruchko; Bild 40
© Fotolia/irinakrivoruchko; Bild 41 © Fotolia/epifantsev; Bild 42 ©
Fotolia/irinakrivoruchko; Bild 43 © Fotolia/ajjjgul; Bild 44 © Fotolia/
maritime_m; Bild 45 © Fotolia/tets; Bild 46 © Fotolia/tets; Bild 47 ©
Fotolia/romir2013; Bild 48 © Fotolia/Sayanny